COURS MÉTHODIQUE

D'ORCHESTRATION

COURS MÉTHODIQUE

D'ORCHESTRATION

PAR

F.-A. GEVAERT

Directeur du Conservatoire Royal de Bruxelles
Maître de chapelle de S. M. le Roi des Belges, membre de l'Académie de Belgique
et de l'Institut de France.

Prix net : **25** Francs

LEMOINE & FILS, ÉDITEURS
PARIS — BRUXELLES
Droits de reproduction et traduction réservés pour tous pays
1885

PREMIÈRE LEÇON

Instructions préliminaires

Avant de nous engager avec le disciple dans cette étude, nous allons lui ouvrir une vue générale du domaine que nous nous proposons de lui faire parcourir, et lui donner les indications nécessaires pour qu'il puisse s'y orienter sans trop de difficulté.

§ 1. — L'orchestre s'emploie de deux manières : **a)** ou bien il forme à lui seul un tout complet sans l'adjonction d'aucun autre élément sonore : dans la symphonie, la musique dramatique sans chant, etc. ; **b)** ou bien la masse orchestrale est associée soit à la voix humaine, soit à un instrument principal (dans l'opéra, l'oratorio, le solo de concert, etc.).

Une étude méthodique de l'instrumentation doit naturellement s'occuper d'abord du premier mode d'emploi, dans lequel les propriétés esthétiques des divers organes de l'orchestre se manifestent en toute liberté. Nous prendrons donc pour base de notre enseignement l'orchestre de la symphonie classique, tel que l'a établi Beethoven, tout en empruntant parfois nos exemples aux chefs-d'œuvre dramatiques consacrés par une admiration universelle.

§ 2. — L'orchestre moderne est un mécanisme trop complexe pour qu'un novice puisse tenter d'en faire marcher simultanément tous les rouages. Pour apprendre à tirer parti de ressources aussi multiples, un exercice gradué est indispensable. En commençant cette étude technique, le disciple se contentera donc tout d'abord de mettre en œuvre les éléments fondamentaux de l'orchestre, auxquels il adjoindra successivement, dans l'ordre de leur importance relative, les sonorités complémentaires. C'est ainsi qu'il parviendra le plus sûrement à manier avec dextérité la totalité du matériel sonore dont est formé aujourd'hui ce merveilleux instrument.

Avant de lui faire aborder cette série progressive d'exercices, nous avons, en conséquence, à définir sommairement les fonctions de chacun des groupes sonores constituant l'ensemble instrumental.

§ 3. — L'orchestre se décompose en *trois groupes* qui se distinguent entre eux, et par la nature de leur sonorité, et par leur rôle dans l'ensemble :

1er groupe, les *cordes*, les instruments à archet ;

2e groupe, les *bois*, flûtes et instruments à anche, auxquels s'adjoignent les cors ;

3e groupe, les *cuivres éclatants*, trompettes et trombones, escortés d'un ou de plusieurs instruments à percussion.

I. Le *premier groupe*, qui dans un orchestre bien pondéré comprend au moins les $\frac{2}{3}$ du nombre total des exécutants, (1) est à tous égards le plus important des trois ; il forme l'élément constant

---

(1) Voici la composition normale d'un orchestre appelé à jouer le grand répertoire symphonique :

12 (au plus 15) premiers violons,	2 flûtes (plus une petite flûte),	2 (souvent 4) cors,
12 (au plus 15) seconds violons,	2 hautbois,	2 trompettes,
9 (au plus 12) altos,	2 clarinettes,	3 trombones,
8 (au plus 9) violoncelles,	2 bassons (plus le contrebasson),	1 timbalier
7 (au plus 10) contrebasses,		

de l'ensemble, la base immuable sur laquelle s'établit tout l'édifice sonore. Bien que très distincts, les timbres qu'il renferme ont une homogénéité parfaite; ils composent un vaste chœur dont les voix idéales atteignent aux dernières limites musicales du grave et de l'aigu.

Les instruments à archet se passent au besoin de tous les autres; à eux seuls ils suffisent à constituer un orchestre. Leurs qualités musicales et techniques les rendent aptes à réaliser toutes les formes de mélodie ou d'accompagnement que le musicien est capable d'imaginer pour eux. Aussi ce groupe est-il souvent appelé à se produire séparément, même pendant des morceaux entiers. [1] Rarement le compositeur lui impose un long silence, et quand le quatuor reprend la parole après s'être tu plus ou moins longtemps, son entrée cause une sensation puissante de plénitude; l'équilibre entre les divers groupes, momentanément troublé, se rétablit aussitôt.

Comme la belle sonorité de l'orchestre dépend en grande partie de l'habileté du compositeur à traiter le quatuor, *le premier degré de la connaissance pratique de l'instrumentation est la mise en œuvre de ce groupe.*

II. Le *second groupe* n'offre pas, comme le premier, une réunion systématique de sonorités homogènes destinées avant tout à agir simultanément. Les timbres dont il se compose manifestent entre eux des différences très marquées, et jusqu'à ce jour ils ne figurent pas dans nos orchestres à l'état de familles complètes. Comme la voix isolée d'un hautbois, d'une clarinette, d'un basson, d'un cor, et même d'une flûte, a dans l'ensemble plus de corps que le son d'un violon, d'un alto, d'un violoncelle ou d'une contrebasse, on se contente en général d'une couple d'instruments à vent de chaque espèce. Ces organes sonores sont en quelque sorte les interlocuteurs du drame symphonique dont le quatuor forme le chœur. En dehors du *forte*, où ils ont pour fonction d'augmenter la plénitude de l'ensemble et d'en varier le coloris, ils se font entendre rarement tous à la fois.

En raison de l'affinité de ses timbres avec ceux de la voix humaine, le second groupe est loin d'avoir des aptitudes aussi universelles que le quatuor. L'intonation y a moins de spontanéité et de délicatesse; le son, plus matériel, se plie malaisément aux nuances très fines. Chaque note est mise, pour ainsi dire, en relief, et arrive distincte à l'oreille (nous supposons ici les cuivres bruyants au repos). Aussi le symphoniste ne confie aux instruments à vent que ce qu'il veut faire entendre clairement, et ne leur donne en général qu'une part accessoire dans l'accompagnement proprement dit. Il les emploie surtout à chanter, soit des phrases de mélodie pure, soit des cantilènes polyphoniques.

Chez Haydn et Mozart la composition de ce groupe est encore assez flottante. La voici telle qu'elle a été adoptée pour la musique symphonique à partir de Beethoven. [2]

(une ou) deux flûtes;
deux hautbois;
deux clarinettes;
deux bassons;
deux (trois ou quatre) cors.

Le deuxième et le premier groupe réunis forment le *petit orchestre de symphonie.* Cette combinaison instrumentale fournit au compositeur toutes les ressources désirables pour les morceaux qui n'exigent pas un grand déploiement de puissance. [3] L'absence totale de sonorités bruyantes permet aux

---

[1] Beaucoup d'airs de ballet de Gluck n'ont d'autre instrumentation que le quatuor.

[2] Sa première Symphonie date de 1800.

[3] Exemples: Beethoven. Andante de la IIe Symphonie, la Pastorale jusqu'à l'Orage, l'Allegretto scherzoso de la VIIIe Symphonie.

timbres individuels de se faire valoir sans effort. *L'initiation au maniement de cette forme de l'orchestre constituera ici le second degré de la technique de l'instrumentation.*

III. Le *troisième groupe* est principalement destiné dans la symphonie à rehausser l'éclat de la sonorité. Il se juxtapose plutôt aux deux autres qu'il ne s'unit intimement à eux. Tandis que les cordes et les bois fondent leurs timbres dans un ensemble parfait, les rudes sons des cuivres tranchent vivement sur le reste de la masse.

Ce groupe complémentaire se joint aux deux premiers dans les moments de l'œuvre symphonique où le colloque des cordes et des bois est arrivé à son maximum de chaleur et de véhémence. Les cuivres interviennent alors pour prononcer le mot décisif, leur emploi ordinaire consiste à renforcer par des accords sonores les grands accents rythmiques de la phrase musicale.

Dans la musique instrumentale destinée au concert, le groupe complémentaire se réduit presque toujours à *deux trompettes* et *une paire de timbales.* Réunis aux deux groupes précédents, ces instruments complètent le *grand orchestre de la symphonie* classique. Ce modeste programme a suffi à Beethoven pour réaliser ses créations les plus puissantes: la Symphonie héroïque, le premier morceau de la Neuvième.

Par exception seulement l'immortel maître fait intervenir les trombones (et même avec eux le contrebasson et la batterie), supplément de sonorité qu'il emprunte à l'orchestre de théâtre pour quelques-unes de ses pages les plus étonnantes: la grande marche par laquelle se termine la V° Symphonie, l'orage de la Pastorale, le Final de la Neuvième. Mais ces morceaux, on le remarquera, sortent du cadre ordinaire du genre. Expression la plus complète de la musique absolue, sans texte et sans programme, la symphonie ou, pour l'appeler de son vrai nom, la sonate d'orchestre, telle qu'elle a été conçue par le génie de Beethoven, présente à l'auditeur une sorte de drame idéal dont les instruments individuels sont les uniques personnages. *Elle produit en conséquence ses principaux effets par le dialogue des timbres plutôt que par leur fréquente intervention collective.* De là, nécessité de ménager aux instruments du second groupe un champ d'action suffisamment étendu; de là, danger de les entourer d'une masse sonore capable de les étouffer.

Dans l'étude méthodique de l'instrumentation la mise en œuvre du grand orchestre symphonique constitue un point capital du programme. *C'est le degré le plus élevé de cette technique dans le domaine de la musique instrumentale pure.*

§ 4. — Après avoir dirigé le disciple dans l'acquisition graduelle des procédés de l'instrumentation symphonique, nous aborderons avec lui *l'orchestre dramatique,* abstraction faite des moments où la voix se mêle aux instruments.

En général l'orchestre mis à la disposition du compositeur moderne au théâtre n'a pas un programme instrumental sensiblement différent de celui que nous avons signalé dans quelques-unes des Symphonies de Beethoven. Mais la transformation, maintenant accomplie, des cors et des trompettes en instruments chromatiques, a considérablement accru la puissance et la richesse de l'ensemble: d'abord en constituant les cors à l'état de quatuor indépendant, au point de vue harmonique et mélodique, ensuite en donnant au chœur des cuivres éclatants le soprano chantant dont il était privé depuis un siècle (N. T., § 177, pp. 246-247). De plus la poétique théâtrale commande un emploi des forces instrumentales entièrement différent de celui que réclame la composition symphonique. En effet le drame ayant à exprimer des *caractères,* des *passions* et des *actes,* se rapportant à des personnages, à des situations et à des milieux fort divers, le musicien, pour émouvoir plus vivement le spectateur-auditeur, est tenu de multiplier les contrastes saisissants; il fera plus souvent appel à l'élément bruyant et pittoresque; il procédera plutôt par des oppositions de timbres réunis en chœur que par le détail polyphonique. Enfin il ne s'astreindra pas, comme le symphoniste, à un programme instrumental fixe par la tradition, mais il composera ses groupes d'instruments à vent d'après son inspiration, et en se réglant uniquement sur l'allure et les péripéties de l'action à traiter.

Tous ces principes d'orchestration dramatique, adoptés aussi par les symphonistes de la nouvelle école qui se réclame des noms de Berlioz et de Liszt, ont été réalisés de notre temps avec un éclat incomparable dans les dernières créations de Richard Wagner.

§ 5. — Ayant ainsi exposé la pratique de l'instrumentation dans les genres où l'orchestre se produit tout seul, nous passerons à l'étude de *l'orchestre d'accompagnement* dans ses applications principales: le grand solo d'instrument ou *concerto*, la musique vocale.

Puis, pour ne laisser de côté aucune des parties secondaires de cette technique qui présentent quelque utilité au jeune compositeur, nous donnerons les instructions nécessaires pour l'instrumentation des morceaux destinés à des *bandes de musique militaire*. Comme ce ne sont là en définitive que des orchestres partiels, dont toutes les combinaisons de timbres sont contenues dans l'ensemble général des instruments, il suffira de quelques observations d'une portée toute pratique.

Enfin, comme supplément à notre travail, nous esquisserons un résumé succinct des principes et procédés d'instrumentation appliqués dans les œuvres des maîtres antérieurs à Haydn.

Nous venons d'ébaucher le plan d'études suivi dans cet ouvrage. Il nous reste encore, pour compléter cette instruction préliminaire, à désigner et à caractériser brièvement, *au point de vue spécial de l'instrumentation*, les maîtres dont nous recommandons instamment l'étude au disciple, pendant toute la durée de ses travaux techniques.

§ 6. — Quatre noms illustres, Haydn et Gluck dans la dernière moitié du siècle passé, Beethoven et Weber au commencement du siècle actuel, dominent toute l'histoire de l'instrumentation pendant la période dite classique, c'est-à-dire depuis 1760 environ jusque vers 1830, époque où l'on voit poindre les tendances et les transformations instrumentales qui préparent l'avènement du gigantesque orchestre de ces derniers temps.

Dans son genre de prédilection chacun des quatre maîtres a ouvert à l'art orchestral des voies jusque là inexplorées: Haydn et Beethoven dans la symphonie, Gluck et Weber dans l'opéra. Les autres grands compositeurs de l'époque classique n'ont pas opéré des innovations aussi radicales dans cette branche de la technique musicale, tout en communiquant l'empreinte de leur forte individualité aux éléments pris à leurs devanciers.

§ 7. — HAYDN mérite d'être appelé le fondateur de l'orchestre symphonique, non pour en avoir imaginé le programme, — les instruments qu'il emploie étaient tous connus avant lui et ils sont moins nombreux que ceux de Hændel et de Bach, — mais pour avoir inauguré une nouvelle manière de traiter l'ensemble orchestral. Sous l'influence des maîtres mélodieux de l'école napolitaine, il a substitué au contrepoint serré de ses devanciers allemands, encore imparfaitement

---

(1) En parlant ici de Haydn, nous n'avons en vue que le symphoniste et non pas l'auteur de la *Création* et des *Saisons*, œuvres postérieures à Mozart.

dégagé de l'imitation de la polyphonie vocale, des formes musicales plus libres, plus légères; il s'est affranchi de l'accompagnement importun de la basse-continue, obstacle à toute indépendance des combinaisons de timbres; il a commencé à utiliser chaque instrument d'une manière mieux appropriée à ses aptitudes techniques, à son caractère expressif; bref il a transporté dans la sonate symphonique des Allemands, l'animation, la vie exubérante de l'*opera giocosa* des Italiens.

L'orchestre de la symphonie primitive ne connaît pas encore le clair-obscur, les teintes mixtes; les divers groupes d'instruments s'y trouvent juxtaposés sans transitions marquées. Comme la région aiguë est presque exclusivement remplie par des timbres clairs (violons, hautbois, trompettes), la sonorité est toute en lumière, parfois même un peu crue. Les instruments à vent figurent rarement au premier plan et se bornent la plupart du temps à faire le remplissage harmonique. En étudiant les symphonies d'Haydn le disciple ne trouvera donc pas l'occasion de s'initier à des combinaisons raffinées, imprévues; mais il y apprendra, mieux que n'importe où, à bien disposer les diverses parties de son ensemble et à obtenir avec de maigres ressources une sonorité vigoureuse et franche; qualités qu'il est bon d'acquérir avant de s'essayer à des entreprises plus hardies.

§ 8. — GLUCK, le père de l'orchestre dramatique, est parvenu à la célébrité vers l'époque où les symphonies d'Haydn commençaient à fixer l'attention. Il emploie dans ses cinq chefs-d'œuvre presque tous les timbres que Mozart et Beethoven adopteront plus tard. Néanmoins son orchestre est à beaucoup d'égards plus archaïque que celui d'Haydn. Les instruments à vent n'y font que des apparitions clairsemées, et plus souvent isolés ou accouplés que réunis en chœur; de longs morceaux ont le quatuor pour tout accompagnement. Et ce quatuor lui-même paraît écrit avec une certaine lourdeur et gaucherie; les traits, les dessins d'accompagnement montrent peu de variété. Tout cela fait que l'orchestre de Gluck ne frappe pas tout d'abord à la lecture. Mais à l'audition aucun autre ne le surpasse pour l'intensité de l'impression produite; chaque note est sentie, chaque accent instrumental porte coup.

Les partitions de Gluck, bien que vieilles aujourd'hui de plus d'un siècle, sont dignes d'être un sujet permanent d'étude pour le jeune compositeur dramatique. Il y verra déjà appliqué un des principes fondamentaux de la poétique instrumentale de Wagner: composer le programme orchestral de toute l'œuvre non d'après un modèle uniforme, imposé par l'usage, mais d'après le contenu même du drame. Il pourra tenter d'y dérober le secret des effets foudroyants obtenus par les moyens les plus rebattus. Rien que l'usage des diverses formes du *tremolo* chez Gluck mérite à ce point de vue une étude spéciale.

§ 9. — A la fois symphoniste génial et merveilleux compositeur d'opéras, Mozart fut en tout un musicien incomparable dont l'être entier se traduisait en inspirations mélodieuses. Dans son instrumentation il se rattache principalement à la manière d'Haydn, mais en la transformant par un faire plus large, un sentiment plus profond. L'influence de Gluck n'est guère sensible que dans les scènes terribles d'*Idomeneo* et de *Don Giovanni*. Toutefois Mozart ne s'est pas contenté de combiner les procédés d'instrumentation de ses deux grands devanciers; il a été aussi, jusqu'à un certain point, novateur dans cette partie de l'art. Le premier il a compris l'importance capitale des clarinettes dans le groupe des instruments à vent. Ce mezzo-soprano plein, étoffé, est nécessaire pour relier les hautbois, sopranos clairs, aux bassons, ténors au timbre voilé. Et ce n'est assurément ni Gluck, ni Haydn, qui lui ont suggéré les sonorités féeriques et sacerdotales de la *Zauberflœte* (la Flûte enchantée). Ce délicieux chef-d'œuvre, qui constitue à la fois le testament musical du maître et l'acte de naissance de l'opéra allemand, contient en germe les trouvailles d'instrumentation de l'auteur d'*Oberon*. L'étude des œuvres de Mozart enseignera à l'élève, entre autres choses, la manière de former un bel ensemble polyphonique en faisant chanter toutes les voix de l'orchestre.

§ 10. — Les compositeurs italiens et français de la fin du siècle passé et du commencement de celui-ci, voués presque exclusivement à la musique dramatique, se sont assimilé la technique orchestrale des trois grands musiciens allemands, tout en l'adaptant à leur tempérament individuel, aux traditions et tendances artistiques des nations de race romane.

Trois des maîtres de la scène française pendant le premier quart du dix-neuvième siècle ont exercé une action sur le mouvement général de l'art, tant par leur génie musical que par leurs procédés d'instrumentation. De nos jours encore leurs partitions seront consultées avec fruit par les jeunes compositeurs.

Méhul, contemporain de la grande Révolution et un de ses bardes inspirés, porte dans son art, sérieux jusqu'à l'austérité, la marque d'une nature musicale et dramatique fortement trempée; c'est un Gluck de moins large envergure. Son opéra de *Joseph*, œuvre exquise et unique en son genre, est un modèle d'orchestration expressive; tout y respire la simplicité de la poésie biblique. Méhul fut un des premiers à tirer un large parti des sonorités graves du quatuor; sa tentative de réduire la masse des instruments à cordes à des altos et des basses, pendant l'étendue entière d'un opéra (N. T. § 31, pp. 48-49), est restée célèbre à juste titre.

Cherubini, né à Florence et vraiment Italien par l'abondance et la pureté mélodique, est Français par le goût, Allemand par la profondeur du sentiment. Sa noble poétique théâtrale et sa magnifique instrumentation restèrent ignorées en Italie et ne furent accueillies en France qu'avec une froide estime. En revanche l'illustre auteur des *Deux journées* fut apprécié à sa juste valeur en Allemagne, et sa trace y est clairement visible dans la musique d'opéra. Son plus beau titre de gloire est d'avoir exercé une influence décisive sur la formation du style dramatique de l'immortel compositeur de *Fidelio*.

Spontini, le maître glorieux de la scène musicale sous le premier empire, garde dans son orchestre, et dans son art tout entier, un reflet des pompes, des splendeurs de cette époque théâtrale. On voit apparaître chez lui ces grands ensembles de voix et d'instruments, si fréquemment reproduits depuis; morceaux dont l'effet résulte de la plénitude des accords et de la multiplicité des timbres plutôt que de la beauté du travail polyphonique. Mais les partitions de la *Vestale*, de *Fernand Cortez* et d'*Olympie* ne brillent pas seulement par le luxe des sonorités; on y rencontre aussi des pages débordantes de feu et de passion, des trouvailles d'instrumentation dramatique, dignes d'être connues des jeunes musiciens et capables encore de féconder leur imagination, de stimuler leurs facultés productrices.

Les procédés de Spontini, démesurément exagérés par ses successeurs, Rossini et Auber, et finalement convertis en formules banales par les imitateurs de ceux-ci, ont constitué le fond de la technique orchestrale de l'opéra en France jusque vers le milieu du siècle actuel, bien que les artistes et le public français eussent appris à connaître dès avant 1830 les productions des deux hommes illustres qui avaient inauguré en Allemagne une ère nouvelle pour l'art de l'instrumentation.

§ 11. — **BEETHOVEN** fut le régénérateur et le maître des maîtres de la musique instrumentale. Chez lui l'orchestre est un organisme vivant dont chaque membre, solidaire de tous les autres, coopère d'une manière efficace à la réalisation de l'œuvre d'art. Beethoven a reculé les limites du pouvoir expressif des instruments et donné à chacune de ces voix idéales le plus haut degré d'individualité qu'il leur soit permis d'atteindre. Par un effort presque surhumain de son génie il a fait ainsi de l'ancienne sonate d'orchestre, prodigieusement élargie dans ses proportions, le grand œuvre de la musique européenne: un poème ineffable dont le sens, inaccessible à l'intelligence réfléchie, est spontanément saisi par le sentiment.

Les productions du divin symphoniste, et par dessus tout la Neuvième, cette œuvre sans pareille dans l'entière étendue de la littérature musicale, doivent être le bréviaire des jeunes artistes qui aspirent à pénétrer les secrets de l'orchestration symphonique.

§ 12. — **WEBER**, pas plus que Beethoven, n'a ajouté des éléments nouveaux au programme orchestral de Mozart et de Cherubini; mais dans les vieux instruments il sut découvrir des timbres nouveaux, des voix magiques qui racontent les mystères du monde invisible. Il trouva la note sinistre, ténébreuse, étrangère à l'art idéalement humain de Beethoven. En un mot Weber fit vers 1820 pour le drame romantique des Allemands ce que cinquante ans auparavant Gluck avait fait pour la tragédie classique des Français: il lui donna une expression musicale, tant dans le domaine de l'instrumentation que dans celui de la composition mélodique. Depuis plus d'un demi-siècle l'orchestre du *Freyschütz*, d'*Oberon* et d'*Euryanthe* a servi de modèle aux musiciens dramatiques affranchis des procédés sommaires de Spontini et de Rossini, et tout porte à croire que plusieurs générations d'artistes y trouveront encore à puiser les enseignements les plus précieux.

§ 13. — Mendelssohn, et après lui, les compositeurs restés fidèles aux formes de la symphonie classique (Schumann, Raff, etc.) se sont efforcés de fondre dans une belle unité l'opulente polyphonie orchestrale de Beethoven avec la manière pittoresque de Weber. Les maîtres allemands et français actuellement vivants qui cultivent avec éclat la musique instrumentale appartiennent tous, plus ou moins directement, à cette école.

§ 14. — Meyerbeer, bien qu'Allemand de nationalité, se rattache par sa poétique théâtrale et par son style mélodique aux traditions de l'Opéra français. La partie de l'art où il s'est illustré par des innovations d'une grande portée est l'instrumentation. Le célèbre auteur de *Robert*, des *Huguenots* et du *Prophète* a doté l'orchestre de quelques timbres inconnus ou négligés auparavant; il a montré une habileté incontestable à mettre en œuvre les richesses instrumentales nouvellement acquises. Par ses curieuses recherches de timbres, par la prédominance toujours croissante donnée à l'élément instrumental dans le chant dramatique, Meyerbeer a préparé les voies à l'école néo-romantique ou anti-traditionaliste qui se range aujourd'hui sous la bannière wagnérienne.

§ 15. — Berlioz est le premier représentant en date de cette nouvelle évolution artistique dont le principe fondamental est la fusion complète du style dramatique et du style symphonique, en d'autres termes l'abandon des formes et des coupes traditionnelles usitées dans la musique instrumentale et dans le drame chanté. Le point de départ de cette conception de l'art fut la *Symphonie fantastique* de Berlioz (1830) et son aboutissement splendide la tétralogie des *Nibelungen* de Wagner (1876).

En matière d'instrumentation l'école novatrice a opéré une révolution non moins audacieuse, et les visées gigantesques de son programme esthétique ont eu pour résultat direct un accroissement considérable des forces sonores. Certains instruments dont l'orchestre usuel se sert seulement par exception sont ici d'un emploi courant; nommons d'abord les harpes, souvent utilisées en masse (N. T., pp. 99-100), ensuite le cor anglais et la clarinette basse, auparavant les remplaçants éventuels du hautbois et de la clarinette ordinaires, maintenant associés à deux (voire à trois) instruments-soprano de même famille (N. T., pp. 151, 179, ex: 165). D'autre part les cuivres, généralement très nombreux et tous pourvus d'une échelle chromatique complète, ont acquis dans le nouvel orchestre une prédominance marquée; la puissance sonore de ce groupe est au moins égale, sinon supérieure, a celle des instruments à archet réunis aux bois, et leur rôle n'a pas une importance moindre.

Il ne nous appartient pas, à nous les contemporains, de formuler un jugement dogmatique sur la valeur absolue et l'avenir de ce grand mouvement musical, que ses détracteurs envisagent comme une décadence de l'art, tandis que ses plus ardents enthousiastes veulent y voir une sorte de révélation messianique frappant de caducité tout ce qui a précédé. La voix infaillible de la postérité est seule compétente pour se prononcer définitivement à cet égard.

Mais ce que l'on peut affirmer à coup sûr, c'est qu'au point de vue spécial qui nous occupe dans cet ouvrage, les partitions de Berlioz, de Liszt, et, avant toutes les autres, celles des derniers drames de Wagner, montrent la plus éblouissante efflorescence d'une des branches maîtresses de la musique européenne, et s'imposent à l'étude attentive de quiconque, ayant parcouru le cycle entier d'exercices pratiques et de lectures indiquées ci-dessus, voudra s'initier à la mise en œuvre de toutes les ressources dont dispose l'orchestre moderne. Ce sera là le complément de l'éducation technique du jeune compositeur.

DEUXIÈME LEÇON

Le groupe des instruments à archet

§ 16. — A l'époque actuelle cette masse sonore se décompose le plus souvent en cinq parties distinctes: les premiers violons, — les seconds violons, — les altos, — les violoncelles, — les contrebasses.

§ 17. — Le groupe s'étend sur un espace total de *six octaves*, abstraction faite des sons harmoniques qui fournissent une quinte de plus vers l'aigu. Les six octaves se divisent entre les cinq parties de la manière suivante (nous omettons les degrés chromatiques):

En raison de leur étroite affinité sous le rapport du timbre et de l'attaque du son, les violons, les altos et les violoncelles sont souvent appelés à se partager certains traits ou trop étendus ou trop difficiles pour être confiés à une seule et même partie.

Lorsque le mouvement du trait est rapide, on rend les soudures moins apparentes en faisant commencer le second fragment sur la dernière note du premier, et ainsi de suite.

Ex. 2.

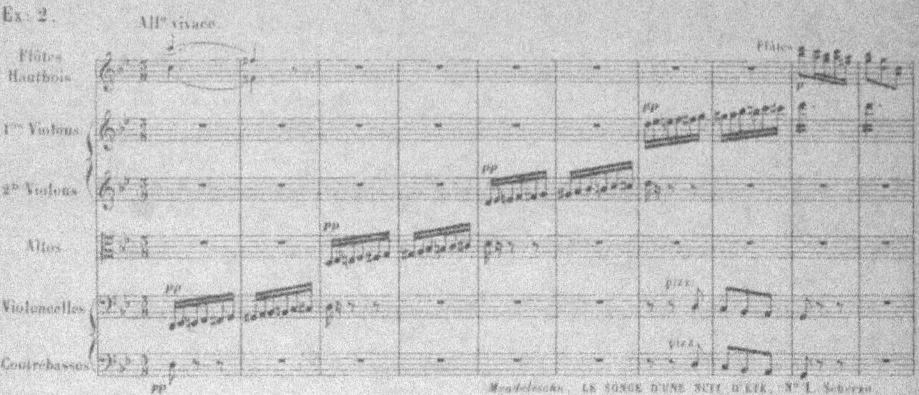

La contrebasse, ayant une sonorité plus rude, une attaque plus grossière, ne participe pas à cette sorte de traits morcelés. Tout au plus est-elle à même de continuer à l'extrême grave un trait lent et mystérieux commencé par le violoncelle.

Ex. 3.

§18. — Étudions d'abord les fonctions ordinaires de chacune des parties du groupe. — Chez Haydn, Gluck et Mozart les cinq parties d'instruments à archet se réduisent presque toujours à quatre, par la réunion des deux parties inférieures: de là le nom de *quatuor* donné au groupe entier.

Aujourd'hui encore cette disposition est la plus fréquente. Les violoncelles sont, à proprement parler, la voix de basse du chœur des archets; mais trop faibles à eux seuls pour supporter le poids de tout l'édifice orchestral, ils se font soutenir dans cette fonction importante par les contrebasses, de même que dans le plein-jeu de l'orgue les jeux de 8 pieds, placés au manuel, se renforcent par les seize-pieds de la pédale. La partie inférieure de l'harmonie se trouve ainsi reproduite une octave au-dessous des sons notés, et les deux basses réunies suffisent pour donner à l'orchestre entier une assiette solide, tant dans le *forte* que dans le *piano*, tant dans la vitesse que dans la lenteur.

Ce redoublement de la voix grave fait qu'il n'y a nul inconvénient à écrire par moments les altos au-dessous des basses. En pareil cas l'interversion des parties n'existe que pour les yeux. Effectivement les altos sonnent à l'aigu des contrebasses aux endroits ci-après marqués d'une petite croix.

Ex: 4.

Lorsqu'un chant ou un trait de basse est compris dans les sons les plus graves du violoncelle, on le fait ordinairement doubler à l'unisson par la contrebasse, laquelle est notée alors une octave au-dessus du violoncelle.

Ex: 5.

Par contre on trouve dans certains passages d'un caractère doux et mystique les contrebasses écrites une octave *au-dessous* des violoncelles, combinaison qui produit pour l'oreille un redoublement à la double octave. L'effet est bizarre (on dirait une ombre démesurément allongée suivant le corps), et il ne se justifie que par une intention marquée.

Ex: 6.

§ 19. — Si les basses du quatuor constituent le fondement harmonique de l'ensemble instrumental, les *premiers violons* en sont le couronnement mélodique. Ils sont les interprètes attitrés du chant principal, dont la place normale dans la musique européenne est à la partie aiguë. Ils donnent l'impulsion à toute la masse sonore : le chef des premiers violons est l'*alter ego* du chef d'orchestre.

§ 20. — Les *seconds violons* et les *altos*, médiateurs entre le grave et l'aigu, se partagent les parties complémentaires de l'harmonie, qu'ils réalisent tantôt en contrepoint plus ou moins libre, tantôt en accompagnements proprement dits (tenues, notes répétées, batteries, arpèges, figures rythmiques, etc.).

Ex. 10.

Voici les principales nuances à noter dans l'emploi des deux parties intermédiaires du quatuor:

1. Les seconds violons se rattachent étroitement aux premiers dont ils sont les auxiliaires, les subordonnés. Dépourvus d'un timbre individuel, ils ont à remplir surtout un rôle polyphonique. Les altos au contraire ont leur voix propre (N. T., p. 48, § 51) qui se fait sentir même dans la réunion du groupe entier. Comme ses cordes ont une surface vibrante d'un tiers plus étendue que celles du violon, l'alto, à égale hauteur absolue, possède *dans la région moyenne* une intensité plus grande, un accent plus incisif que le violon, si le nombre des altistes n'est pas restreint hors de toute proportion. D'autre part l'agilité est beaucoup plus favorable aux violons qu'aux altos.

Pour ces diverses raisons la partie des seconds violons a chez les anciens maîtres classiques la spécialité des figures d'accompagnement et des dessins mouvementés placés sous la mélodie principale, tandis que les altos reçoivent plutôt des tenues ou des traits chantants (souvent parsemés d'intonations chromatiques).

Ex. 11.

Au surplus il n'y a aucune raison d'éviter des croisements, même très fréquents, entre les 2ds violons et les altos. Ces changements dans la disposition des deux parties sont au contraire de nature à donner de la variété et de la richesse à l'ensemble sonore. Combien le passage suivant perdrait en accent si les altos et les seconds violons échangeaient leur partie!

Ex. 12.

II. Il est encore un point sur lequel nous appellerons l'attention du disciple. Dans les œuvres orchestrales de la dernière moitié du siècle passé, l'alto a presque partout le caractère d'une partie de remplissage, ajoutée après coup. En esquissant leurs partitions, les compositeurs de cette époque se contentaient généralement de fixer la mélodie principale et la basse; celle-ci est toujours chez eux d'un dessin très solide et indique clairement l'harmonie. Prenons pour exemple un air de ballet dans l'*Armide* de Gluck.

Ex. 13.

À une idée musicale ainsi conçue il suffit d'ajouter une partie de second violon pour que les accords aient leurs éléments essentiels. Ainsi a procédé Gluck, n'employant l'alto, jusqu'à l'avant-dernière mesure, que pour doubler la partie de basse à l'octave aiguë du violoncelle.

Ex. 13 bis.

Si le maître avait trouvé bon d'écrire toute la phrase à quatre parties réelles, il aurait ajouté la partie d'alto en dernier lieu; et voici, sans nul doute, la forme qu'il lui aurait donnée (à peu de chose près):

Ex. 13 ter.

On peut donc établir cette règle, applicable à toute la musique d'orchestre du temps d'Haydn, de Gluck et de Mozart: (*) *Si, dans les ensembles du quatuor, on enlève la partie des altos, il reste une harmonie suffisante à trois parties.*

(*) Chez Haendel, Bach et leurs contemporains, les parties intermédiaires du groupe des instruments à archet ont une importance égale.

La pratique que nous venons d'exposer, tradition de l'école napolitaine, procédait de deux causes: la faiblesse numérique des altos dans les orchestres de l'époque [1] et le peu d'habileté des musiciens chargés de la partie de *quinte* (comme on disait alors); ils étaient toujours pris parmi le rebut des seconds violons [2]. Bien qu'aujourd'hui la situation des orchestres se soit bien améliorée sous les deux rapports, la technique des anciens a laissé des traces visibles dans celle de nos jours, surtout chez les compositeurs nourris des modèles classiques, et on peut dire qu'en beaucoup de cas elle n'a nullement perdu sa raison d'être.

§ 21. — Il y a parfois utilité à faire passer momentanément une des deux parties intermédiaires du quatuor au-dessus des premiers violons.

I. Le cas se présente le plus souvent pour les seconds violons. Le but ordinaire de cette interversion de parties est de donner plus d'animation et de vie au dialogue polyphonique.

Ex. 14.

À la vérité l'oreille ne perçoit pas un véritable changement de timbre au moment où les seconds violons s'emparent de la mélodie; mais il ne se produit pas moins une légère modification de sonorité, résultant et de l'emplacement matériel des deux groupes de violons dans les orchestres et d'autres circonstances accessoires.

II. Lorsque l'alto devient pour un moment la partie aiguë du quatuor, c'est à titre d'organe expressif et pour faire entendre une cantilène ou un trait mélodique. Des exemples de cette combinaison se rencontrent surtout dans la musique de théâtre.

Ex. 15.

(1) Au dernier siècle, et même au commencement de celui-ci, les orchestres employés par de riches particuliers, par les églises et par les organisateurs de fêtes n'avaient pas d'altos du tout. C'est ce que nous apprennent quelques œuvres célèbres l'Acis et Galatée de Hændel, les messes et motets de Mozart, les menuets et valses de Beethoven.

(2) A l'opéra de Paris deux joueurs de quinte étaient aussi chargés de donner du cor dans les rares morceaux où ce dernier instrument était employé. Cet usage absurde subsista jusqu'à l'arrivée de Gluck, date à jamais mémorable dans l'histoire de l'Opéra français et qui vit disparaître tant de pratiques surannées.

§ 22. — Il arrive assez souvent que le compositeur supprime pour un temps plus ou moins long la contrebasse, en faisant jouer la partie inférieure par les seuls violoncelles. Le résultat de cette suppression est d'alléger les dessous de l'harmonie et de rendre par là l'ensemble entier moins pesant. La contrebasse s'appuie solidement à terre, comme la démarche d'un homme robuste, le violoncelle a le pas moelleux d'une femme élégante.

C'est principalement pour des phrases ou des passages d'un caractère doux, léger, gracieux, intime, qu'on laisse reposer la contrebasse.

Ex. 16.

Les œuvres de Beethoven offrent à cet égard beaucoup d'exemples instructifs, mais point de plus beaux que le début de deux *Adagios*; deux cantilènes divines. Pareilles à des figures féminines d'une idéalité surhumaine, elles ne touchent pas le sol, elles planent dans les espaces. Les sons massifs de la contrebasse leur auraient enlevé quelque chose de cette immatérialité. (1)

Ex. 17.

(1) Il est vrai que les contrebasses interviennent dans les répétitions du motif principal, mais seulement par des *pizzicati*.

Ex. 18.

Dans les chefs-d'œuvre de la musique théâtrale nous nous contenterons de rappeler le chœur des Génies, au lever de rideau du 1er acte d'*Obéron*, et les trios des Fées dans la *Flûte enchantée*; ces chants d'êtres incorporels n'ont pour basse que des violoncelles.

Souvent l'élimination de la basse profonde a simplement pour but d'obtenir dans le quatuor une sonorité serrée, ramassée, nerveuse: qualités incompatibles avec le ronflement des contrebasses à une octave au-dessous de la basse normale de l'harmonie.

Ex. 19.

Le violoncelle séparé de la contrebasse devient à l'occasion partie intermédiaire; l'alto fait alors fonction de basse (N.T., p. 44, ex. 74). Au reste disons-le ici d'une manière générale, sauf les contrebasses, qui forment invariablement la voix inférieure de l'harmonie des cordes (et de l'orchestre entier); toutes les parties du quatuor se croisent, s'intervertissent à volonté. Mais en pareil cas le compositeur doit tenir compte de la valeur respective des timbres, laquelle se formule théoriquement ainsi : *à même hauteur absolue et à nombre égal d'exécutants, le violoncelle a une valeur sonore double de celle de l'alto, et triple de celle du violon.* Comme toutes les règles, la précédente comporte quelques restrictions. La plus importante concerne les sons de la 4ᵉ corde des violons. Ces notes au timbre métallique, dominent, lorsqu'elles sont attaquées avec force, les sons de même hauteur produits par les altos, et luttent sans désavantage avec la chanterelle des violoncelles. Il est inutile, quant à présent, d'entrer dans de plus longs détails. Pour le cas qui nous occupe ici, il suffira de dire que les violoncelles ne doivent jamais monter au-dessus des altos, ni les altos au-dessus des violons, sinon pour prendre un rôle significatif dans l'ensemble.

Faisons remarquer encore qu'un silence prolongé des contrebasses fait naître dans l'esprit de l'auditeur une vague incertitude et comme une attente de cette sonorité sur laquelle l'oreille a l'habitude de se reposer. Aussi l'entrée du seize-pieds des instruments à cordes donne une sensation de soulagement, de stabilité, d'aplomb; l'orchestre se trouve de nouveau sur sa base normale.

§ 23. — Dans la période primitive de la musique d'orchestre (1600 à 1700) la polyphonie instrumentale est calquée sur l'ancien contrepoint vocal: Haendel et Bach eux-mêmes ne s'éloignent pas encore sensiblement de ce modèle. Le nombre des parties d'instruments à cordes (5, 3 ou 4) est fixé et strictement maintenu pour toute l'étendue du morceau. En d'autres termes on ne rencontre que par exception des passages en unissons; l'usage des doubles-cordes est à peu près inconnu.

Les modernes suivent encore par moments la pratique de cette époque archaïque, notamment lorsqu'ils emploient le style fugué, lui-même une des trouvailles caractéristiques de l'art du XVIIᵉ siècle.

Ex. 20.

Mais, hors de ce cas, la technique orchestrale de notre siècle ne se considère pas comme liée par les règles de l'ancien style vocal, et les abandonne sans hésiter dès qu'elles se trouvent en opposition avec son propre principe de style, établi depuis Haydn. *Ce principe consiste à faire passer la beauté de l'effet sonore avant la correction du contrepoint* (entendue à la manière d'autrefois). En conséquence le compositeur de notre époque restreindra ou multipliera à volonté, et à tout moment, le nombre des parties de son harmonie instrumentale, d'après le genre de sonorité que lui suggérera son imagination ou son caprice: il utilisera largement les ressources polyphoniques des instruments à archet, laissées sans emploi par les anciens. Quant à la conduite des parties, la pratique moderne s'octroie également des libertés inconnues au temps passé. *Les octaves consécutives*, sévèrement prohibées dans le contrepoint traditionnel, *ne s'écrivent qu'entre la basse et une des autres parties* (avant tout entre la basse et la mélodie principale), et encore la règle ainsi mitigée souffre-t-elle de fréquentes dérogations.

En résumé, si l'on excepte la musique de Cherubini, ce dernier classique de la grande école italienne, il n'est pas facile de trouver dans les partitions du XIX° siècle beaucoup de longues périodes orchestrales écrites rigoureusement à quatre parties.

Les diverses applications du nouveau principe de style se réalisent dans le groupe des instruments à archet par quatre procédés techniques:

1°) l'usage des doubles cordes et des accords;

2°) la réunion ou le redoublement à l'octave de deux ou de plusieurs parties du quatuor;

3°) la division des parties;

4°) l'emploi partiel du groupe.

Ces procédés, nous les examinerons en détail dans les leçons suivantes.

TROISIÈME LEÇON

Le groupe des instruments à archet (Suite)

§ 24. — Les doubles cordes, ainsi que les accords à trois et à quatre cordes, servent à augmenter la plénitude plutôt que la force de l'ensemble sonore (N.T., p.21, § 35). Comme la contrebasse n'est guère à même d'user de cette ressource technique (N.T., p.65), on s'en abstient pour la partie collective des basses du quatuor. D'un autre côté l'attaque simultanée de plusieurs cordes convient peu à une partie mélodique destinée à être exécutée par tout un groupe d'instrumentistes.

I. À l'orchestre la vraie place des *doubles cordes* est dans les parties chargées d'un simple accompagnement en tenues ou en notes répétées (tremolo, syncopes, etc.); ce sont d'ordinaire les seconds violons et les altos, auxquels peuvent s'adjoindre les premiers violons quand le chant est au grave ou dans les instruments à vent (N.T., p.244, ex. 591).

Ex: 21.

Ex: 22.

Ex: 23.

Ex. 24.
Moderato
Clarinette en Si b
1res Violons
2des Violons
Altos
Violoncelles et Contrebasses
Weber, Ouverture du FREYSCHÜTZ
Ex. 25.
Allegro
2 Flûtes
2 Hautbois
2 Clarinettes
2 Bassons
2 Cors en Fa
2 Trompettes en Si b
Timbales
1res Violons
2des Violons
Altos
Violoncelles et Contrebasses

II. Les accords en *triples* ou en *quadruples cordes* sont presque exclusivement réservés aux plus vigoureux *tutti* de l'orchestre: dans le *piano* leur effet est peu sensible. Ces grands coups cinglants produits par une masse d'archets donnent à la sonorité un éclat extraordinaire, au rythme un entrain irrésistible. Afin de renforcer l'*ictus* rythmique dans certains chants d'allure large et majestueuse, le compositeur entremêle parfois la partie des premiers violons de quelques accords placés sur le temps fort de la mesure.

Ex: 26.

Beethoven. VII.e Symphonie.

Ex: 27.
Allegro
Petite Flûte
2 Flûtes
2 Hautbois et
2 Clarinettes
2 Bassons
Le Contrebasson avec les C. Bassons
2 Cors et
2 Trompettes
en Ut
Trombones
alto, ténor
et basse
Timbales
Ut Sol
1ers Violons
2ds Violons
Altos
Violoncelles et
Contrebasses

Avant de quitter cet exemple, faisons remarquer le tremolo mesuré des parties intermédiaires du quatuor : *dans les trois premières mesures il ne se trouve qu'aux altos.* Bien qu'il soit là peu remarqué, ce grondement, pareil à celui d'un feu qui s'allume, communique au début de la resplendissante marche une chaleur et une vie des plus intenses.

On trouvera ci-après (p. 34) un autre exemple d'accords mêlés à la partie mélodique des premiers violons. Enfin rappelons encore ici une observation déjà consignée ailleurs (N.T., p. 21, § 35) : à savoir que les passages contenant des doubles, triples ou quadruples cordes ne sonneront bien à l'orchestre qu'à condition de ne pas offrir de difficulté à la moyenne des exécutants.

§ 25. — Lorsqu'il y a lieu de mettre fortement en évidence l'un des éléments de l'idée musicale, le compositeur a la ressource de *faire marcher ensemble, à l'unisson ou à l'octave, deux ou plusieurs parties du quatuor,* soit que l'harmonie ne nécessite pas à ce moment quatre parties différentes, soit que l'ensemble polyphonique se complète par les instruments à vent. Ce procédé, le deuxième de ceux que nous avons énumérés plus haut (p. 19), a pour résultat de convertir le groupe total des instruments à archet en un *trio,* un *duo,* voire en une *partie unique* se reproduisant à plusieurs octaves. Il comporte les applications les plus diverses. Nous nous contenterons d'analyser les principales d'entre elles, ce qui suffira au disciple pour être à même d'en imaginer de nouvelles.

§ 26. — La *réduction du quatuor à trois parties effectives* fournit six dispositions que nous allons examiner dans l'ordre indiqué par la fréquence de leur emploi.

I
- 1res Violons
- 2ds Violons
- *Basses et Altos*

II
- *1er et 2ds Violons*
- Altos
- Basses

III
- *1rs Violons et Altos*
- 2ds Violons
- Basses

IV
- 1rs Violons
- *2ds Violons et Altos*
- Basses

V
- 2ds Violons
- Altos
- *Basses et 1rs Violons*

VI
- 1rs Violons
- Altos
- *Basses et 2ds Violons*

I. Rien n'est plus fréquent chez les maîtres de la dernière moitié du XVIIIe siècle que le *redoublement des basses par les altos*, à l'octave aiguë des violoncelles (voir ci-dessus, p. 14; N. T., pp. 50 et 51, § 53 II); souvent ce mode d'instrumentation se prolonge pendant des morceaux entiers. Comme l'alto fait entendre la basse dans la région moyenne, il se trouve jouer presque toujours entre les deux parties de violon, ce qui a pour effet de diminuer la maigreur du trio, non sans produire en certains cas un enchevêtrement assez bizarre.

Les modernes, qui aiment les harmonies pleines, ont abandonné l'usage banal de ce redoublement, et se bornent à faire marcher les altos à l'unisson ou à l'octave aiguë des violoncelles quand il y a utilité réelle à faire ressortir un trait mélodique placé dans la partie grave du quatuor.

Si les altos ont à renforcer la partie inférieure du quatuor dans un passage où la contrebasse se tait, on leur donne l'unisson des violoncelles, de préférence à l'octave. Leur sonorité, moins intense (voir ci-dessus p. 18), adoucit, arrondit le timbre des violoncelles sans le dénaturer (voir N.T. p. 61. § 60).

Ex. 29.

11. En sa qualité de voix de dessus, chargée de la partie mélodique, le *premier violon* attire par lui-même l'attention et va directement à l'oreille. Néanmoins en mainte occasion *il associe à sa besogne* son aide naturel, *le second violon*. La mélodie principale résonne alors dans toute la masse des violons, tantôt à l'unisson, tantôt à l'octave. Ces deux genres de redoublement ne produisent pas un résultat identique. Chacun d'eux agit à sa manière sur l'effet sonore : *l'unisson augmente l'intensité; l'octave ajoute à l'ampleur.*

La réunion de tous les violons *à l'unisson* convient également à des traits vigoureux et rapides compris dans les *tutti* de l'orchestre, et à des phrases de grande expression (jouées *piano* ou *forte*), pourvu que les unes et les autres se tiennent en dehors de la région suraiguë. Un grand chœur de violons chantant à l'unisson, surtout dans le grave, ne manque jamais son effet.

Ex. 30.

LE QUATUOR
27
Fl. et Haut.
Hautb. solo
Weber. Ouverture d'OBÉRON
9396 8

Le redoublement *à l'octave* s'impose pour les chants ou les passages d'agilité écrits dans les parties les plus élevées de l'échelle. A ces hauteurs le son du violon est mince, peu vibrant, partant sans expression; il ne prend de la consistance et de l'accent qu'en s'appuyant sur son octave inférieure.

(1) À partir du 2e temps de la 5e mesure, les premiers violons passent à l'octave supérieure, tandis que les seconds continuent le chant dans le grave. Nous nous sommes autorisé de notre loi didactique pour prolonger l'effet de l'unisson jusqu'à la fin de la phrase.

Rossini, Ouverture de GUILLAUME TELL.

Au reste quel que soit le degré d'acuité et d'intensité des sons, l'addition de l'octave donne au contour mélodique plus de relief et un charme plus pénétrant. A ce titre elle s'emploie très heureusement pour des dessins doux et chantants qui se meuvent dans la région moyenne.

Ex: 33.

III. Le *redoublement de la partie des premiers violons par les altos* ne se fait guère qu'à l'octave inférieure. Il s'impose tout naturellement pour les dessins mélodiques qui excèdent au grave l'étendue des seconds violons. C'est ainsi que Beethoven, en reproduisant une tierce plus bas le passage transcrit ci-dessus (2e reprise du premier morceau de la VIIIe Symphonie), confie aux altos l'octave de la cantilène des premiers violons. Gluck emploie souvent la combinaison dont il s'agit ici, et toujours sous la même forme. Les seconds violons, interposés entre les deux parties mélodiques, lui suffisent avec les basses pour compléter son harmonie à trois parties réelles). Ce procédé si simple lui a fourni des effets d'une plénitude étonnante et d'une rare suavité, témoin cette page exquise dont la sonorité est encore embellie par les flûtes, jouant à l'unisson des premiers violons et recouvrant ce timbre clair de leurs notes veloutées.

Ex: 34.

Dans la portion de l'échelle instrumentale où le compositeur a le choix entre les seconds violons et les altos, pour faire entendre l'octave inférieure des premiers violons, les altos sont à préférer lorsqu'il ne s'agit pas simplement de donner plus de consistance à la ligne mélodique. En effet les deux cordes intermédiaires du violon, accordées à l'unisson de la chanterelle et de la 2ᵉ corde de l'alto, n'ont pas une sonorité aussi intense ni une expression aussi caractérisée que celles-ci (voir ci-dessus p. 13, 14). Avant tout élégiaque et pathétique, la voix de l'alto sait prendre à l'occasion dans son registre aigu des intonations doucement railleuses.

Ex: 35.

(1) Évidemment le charmant mélodiste n'a eu aucune visée caractéristique en écrivant ce morceau, primitivement destiné à un opera serieux, *Aureliano in Palmira*, et utilisé ensuite pour un autre ouvrage de même genre, *Elisabetta d'Inghilterra*. Mais son instinct (peut-être simplement le hasard) l'a bien servi en lui inspirant l'idée d'en faire l'ouverture du joyeux *Barbier*. Si nous en croyons Stendhal, le public romain de 1816 sait y entendre « les grouderies du vieux tuteur amoureux et jaloux, et les gémissements de l'espiègle pupille. »

Je ne me rappelle aucun exemple de la réunion des premiers violons et des altos *à l'unisson*; mais ainsi qu'on le verra par la combinaison suivante, il y a un certain parti à tirer de ce timbre mixte pour des cantilènes expressives placées dans la région moyenne.

IV. Après la partie supérieure, où l'oreille européenne, par une habitude convertie en instinct, s'attend à trouver la mélodie prédominante, c'est la basse, à l'extrémité opposée de l'ensemble polyphonique, que l'auditeur musicalement doué saisit et suit avec le moins d'effort. Quant aux parties intérieures de l'organisme sonore, il faut d'heureuses facultés, développées par l'exercice, pour les discerner clairement. Aussi passent-elles facilement inaperçues, à moins qu'elles n'attirent l'attention soit par le timbre, soit par leur forme rythmique, soit par une intensité inaccoutumée. Voilà pourquoi il est parfois utile de *réunir les altos aux seconds violons*, lorsque entre les deux parties extrêmes du groupe vient s'interposer un dessin mélodique tant soit peu important. Ainsi renforcé, le chant intermédiaire acquiert une valeur suffisante pour ne pas disparaître sous les premiers violons, alors même qu'eux aussi ont à remplir une tâche mélodique.

Ex: 37.

Non seulement la mélodie intérieure gagne en intensité par l'accroissement du nombre des exécutants, elle reçoit aussi un coloris plus sensible *par la fusion de deux timbres étroitement apparentés, mais de valeur un peu différente. Un unisson formé de cette manière,* retenons ceci comme une observation générale, *sera toujours plus riche de timbre qu'un unisson de même force, s'il est composé de sonorités absolument identiques.* Pour corroborer nos assertions précédentes, rappelons ici l'émouvante cantilène épisodique des altos et seconds violons dans l'Adagio de la Neuvième.

Ex: 38.